TOMBÉE D'UNE AUTRE PLANÈTE

TOMBÉE D'UNE AUTRE PLANÈTE

D'APRÈS LES AVENTURES INDÉCENTES DE PATRICIA HIGHSMITH

GRACE ELLIS
ET HANNAH TEMPLER

TRADUIT DE L'ANGLAIS PAR LISE CAPITAN

CALMANN LEVY Graphic

CALMANN LÉVY
ÉDITEUR DEPUIS 1836

Titre Original :
FLUNG OUT OF SPACE
Première publication : Abrams ComicArts®, un imprint d'ABRAMS, New York, 2022
Curatrice de Surely : Mariko Tamaki

Maquette intérieure :
Andrea Miller & Kay Petronio
Adaptation : Élise Godmuse / olo.éditions

Couverture :
Illustration : © Hannah Templer, 2021
Conception graphique : Andrea Miller
Couverture : © Abrams ComicArts Surely, 2021
Adaptation : Thomas Hamel / olo.éditions

ISBN : 978-2-7021-8331-1

NOTE DE L'AUTEUR

Patricia Highsmith (1921-1995) était une autrice américaine de best-sellers dont le succès provient surtout de ce qu'elle décrivait comme des « romans à suspense », même si cette catégorisation semble un peu trop réductrice. Je pense que je les décrirais plutôt comme des « thrillers psychologiques divertissants ». Sont-ils bizarres et déstabilisants ? Sans l'ombre d'un doute. Divertissants ? Absolument, et je crois que c'est en grande partie pour cela que ce sont des œuvres d'art. Patricia Highsmith croyait que chacun d'entre nous pouvait ressentir les élans de sombres pulsions de temps à autre, et elle a joué sur ces pulsions pour susciter en nous la joie malsaine consistant à s'identifier à des menteurs, des criminels et des meurtriers. Dans son œuvre, le suspense ne vient pas du fait de se poser la question « Qui est le coupable ? », mais plutôt de se demander « Va-t-il en réchapper ? », puis d'ajouter furtivement « Je l'espère. »

Tous les romans de Pat sont de ce même acabit, avec une exception notable : *The Price of Salt* ensuite renommé *Carol*. Dire que *Carol* a trouvé son public serait un euphémisme, le public s'est arraché l'ouvrage et il demeure à ce jour l'une des œuvres de fiction lesbiennes les plus adulées. Ce livre audacieux a une place bien à part dans son œuvre, mais *Carol* est aussi, par de nombreux aspects, une histoire highsmithienne classique, surtout si l'on considère que Pat relie souvent la passion du meurtre à la passion de l'amour. Carol et Therese vont-elles en réchapper ? Je l'espère.

La biographe de Pat, Joan Schenkar, qui devait écrire une postface pour *Tombée d'une autre planète*, mais qui nous a tristement quittés de façon subite, décrivait le livre que vous avez entre les mains comme une « fantaisie », ce qui me paraît très juste. Il s'agit de la version fictionnelle et narrative d'une histoire vraie. Je la vois comme l'histoire que l'on raconterait autour d'un feu de camp. La chronologie est condensée, les conversations imaginées, certains des personnages sont des mélanges de plusieurs personnes réelles, mais les faits et événements les plus intéressants sont vrais.

C'est une histoire qui, à mon sens, mérite d'être racontée. Cela dit, je veux que les choses soient claires : la protagoniste de cette histoire n'est pas une sainte. En réalité, Patricia Highsmith était une personne exécrable. Elle était profondément antisémite, raciste et misogyne, et ce, même selon les critères de son époque. Je n'exagère en rien quand je dis que beaucoup de ses croyances étaient tout simplement odieuses, et je sais que je parle pour Hanna, et le reste de l'équipe ayant travaillé sur ce livre, quand j'affirme que nous condamnons ses croyances avec la plus grande véhémence.

Cette histoire ne porte pas directement sur les préjugés de Pat, mais le livre comporte quelques exemples de son intolérance. Nous les avons inclus ici en connaissance de cause, car l'aspect haineux de sa personnalité est un élément important pour comprendre la personne qu'elle était, et c'est quelque chose dont vous devriez avoir conscience au fil de votre lecture. Je n'ai pris aucun plaisir à écrire sur ses préjugés ; et je ne m'attends pas à ce que vous trouviez cela agréable non plus. Si vous souhaitez en savoir plus, je vous recommande les livres cités dans la bibliographie en fin d'ouvrage. Au moment où j'écris cette note, les journaux intimes de Pat ont été publiés en français, et je suis convaincue qu'ils ajouteront une certaine profondeur au débat également.

Quoi qu'il en soit, Pat avait une personnalité envoûtante, et elle pouvait se montrer charmante quand elle le voulait. Ainsi, elle ressemble de près aux personnages qui l'ont rendue célèbre : des sociopathes charismatiques qui sont malheureusement trop faciles à apprécier. Son caractère détestable a contribué à son succès.

L'histoire est peuplée d'êtres humains compliqués et destructeurs. Je crois qu'il est important de le reconnaître. Toute figure importante ou influente ne mérite pas forcément d'être placée sur un piédestal, et cela concerne également les femmes et personnes LGBTQ. Les hagiographies simplifiées ont leurs propres desseins, mais je pense que dans le fond, elles ne nous rendent pas service en réduisant des personnes réelles au statut de héros ou de méchants, alors que la vérité est presque toujours plus riche et complexe. Patricia Highsmith n'est pas une héroïne, pourtant elle a eu un énorme impact positif sur la littérature LGBTQ, et la littérature américaine en général, et c'est pour cela que son histoire est une part fondamentale de notre histoire.

J'aime et j'admire l'écriture de Patricia Highsmith. Je suis sûre que vous êtes nombreux à être dans le même cas. Je ne cherche pas à vous détourner de cet amour, mais simplement à vous raconter l'histoire des origines anticonformistes (et par certains aspects, surprenantes) d'un livre iconique.

Si vous lisez cet ouvrage et finissez par être mitigés quant à Highsmith et son héritage : tant mieux.

Grace Ellis, 2022

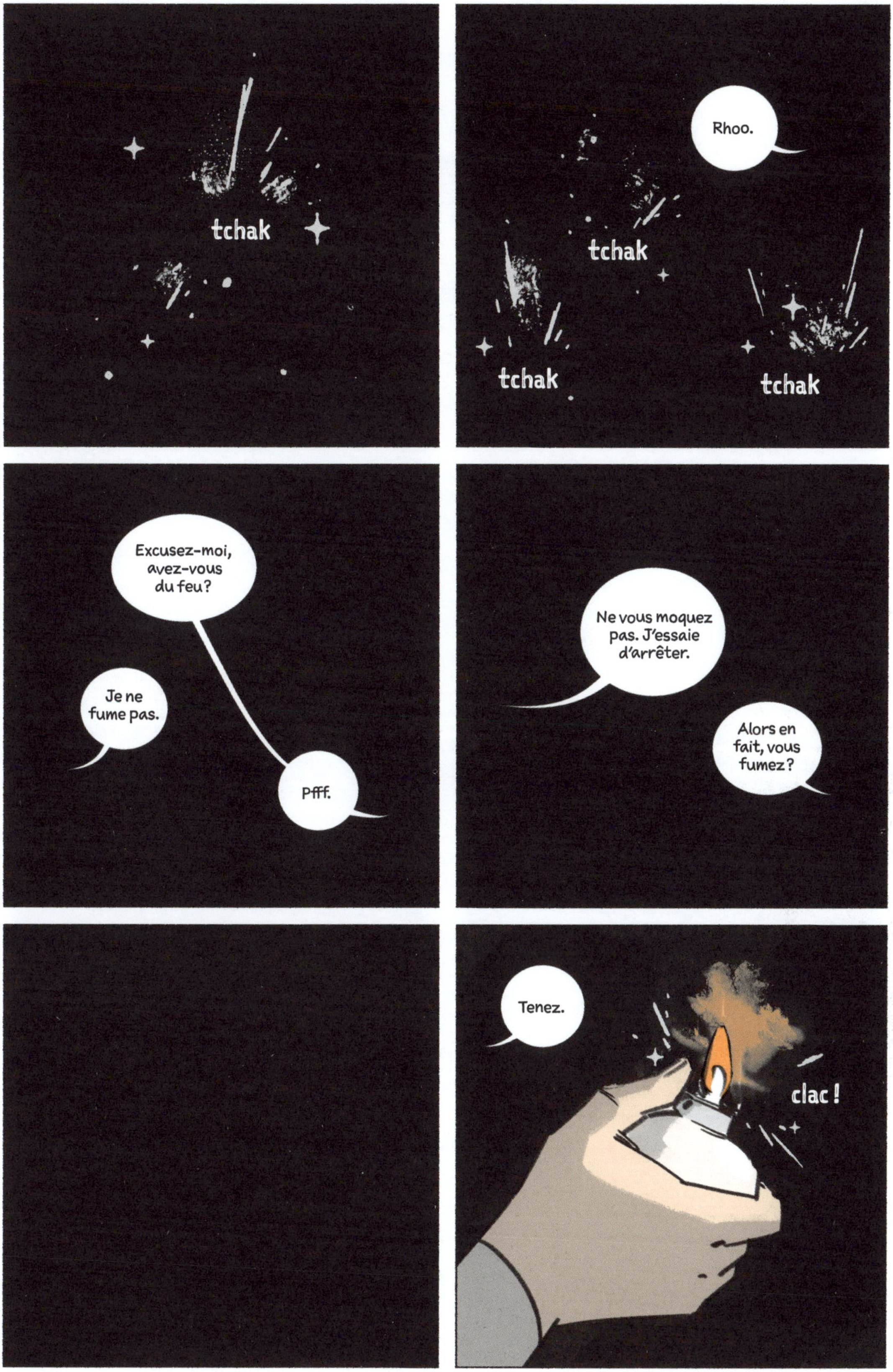
tchak
Rhoo.
tchak
tchak
tchak
Excusez-moi, avez-vous du feu?
Je ne fume pas.
Pfff.
Ne vous moquez pas. J'essaie d'arrêter.
Alors en fait, vous fumez?
Tenez.
clac!

Parfait.
Vous vous appelez comment?
Si c'est pas une question bête, ça.

Pourquoi, vous êtes en cavale ou quoi ?
Pire. Je suis écrivain.
Vous écrivez quoi ?
Un autre verre?
gling
gling
gling
Merci.
Deux autres verres, on dirait bien.

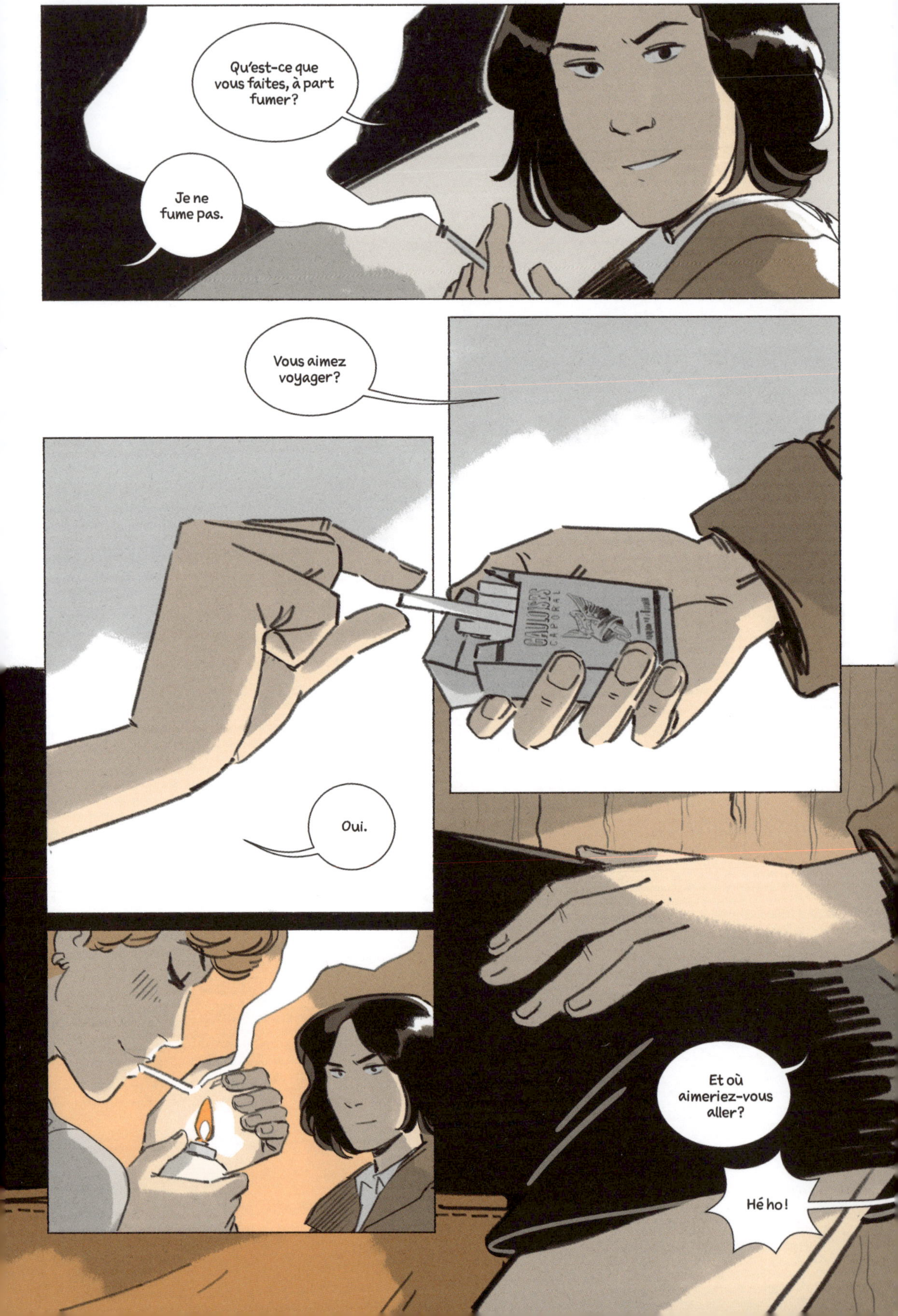
Qu'est-ce que vous faites, à part fumer?
Je ne fume pas.
Vous aimez voyager?
Oui.
Et où aimeriez-vous aller?
Hé ho!

Pas de ça ici.
On ne fait que parler.
Non, non. Sortez d'ici. On n'est pas ce genre d'établisement.
Où est Marie? Marie a dit que je pouvais faire ce que je voulais.
Il n'y a pas de Marie. C'est seulement le nom du bar.
J'exige de parler à Marie!
BAM
Bon sang. Il sortait du pressing!
Alors? Vous venez chez moi ou pas?

tchak!

Marie's Crisis Cafe

CLIC
CLAC
CLIC
CLAC
CLIC
CLIC
CLAC
CLIC
CLAC
CLIC
CLIC
Tu vas aller me le chercher, ce truc? - - J'ai la gâchette qui me démange.
CLIC
CLAC
CLIC
CLAC
CLIC
CLAC
CLIC
CLIC
CLAC
CLIC
CLAC
CLIC

CLIC
CLAC
CLIC
CLAC
CLIC
CLAC
CLIC
CLAC
CLIC
Soudain, une attaque!
CLIC
CLAC
CLIC
CLAC
CLAC
LIC
CLAC
CLIC
CLAC
CLI...
bing!
Aïe!
PATTY!

Richard veut vous voir dans son bureau.
Alors, Patty, c'est le jour où il vous vire?
Alors, Eddie, c'est le jour où votre femme découvre votre liaison?
Oh, ça va trop loin! Je taquinais juste!
Ne faites pas l'enfant.
Richard Hugues
Rédacteur
Pourquoi vous comportez-vous toujours comme une garce?
Je suis toujours moi-même.

Miss Highsmith !
Quoi encore, Andy ?
Deux questions pour vous :
La première concerne votre script de *Spy Smasher*, et la seconde…
J'ai bien l'impression que ça peut attendre.
Bin, oui, mais…
VLAN !

Chérie, je sais qu'on avait prévu de dîner à 18 h, mais…
Non, chérie, je n'ai pas fumé.
La pipe, ça ne compte pas, ce n'est pas une cigarette.
Elle vient d'entrer dans mon bureau. Pourquoi ça ?
D'accord, chérie. Je lui dirai.
Je t'…
biiiiiiiiiiiip

C'était Annabel? Qu'est-ce qu'elle disait?
Elle disait qu'elle avait passé un agréable moment avec toi l'autre soir, petite.
Merci d'avoir fait ça, d'ailleurs. La faire sortir un peu. Elle est toujours toute seule les soirs de Ligue de bowling.
Ça lui fait du bien de passer un peu de temps entre femmes.
Vous me connaissez, Richard, je suis toujours heureuse de passer du temps entre femmes.
Surtout avec une personne aussi charmante que votre épouse.
J'ai quelque chose pour toi.

Ton histoire de douze pages, *Judy of the jungle*, est là-dedans, petite.
Tu peux vraiment en être fière.
EXCITING COMICS 10¢
Joli travail.
Ouah, merci.
pof!
Soupir

Est-ce que tu aimes les comics, Pat?
Ha!
J'ai l'impression d'écrire deux séries B par jour.
Non, même pas des séries B.
Des séries Z.
Est-ce que tu aimes écrire en général?
Que voulez-vous, Richard? Je ne savais pas que vous étiez mon psy en plus d'être mon patron.
Tu veux un verre, petite?
Bien sûr que oui.

Nos chiffres de ventes sont mauvais, petite. Pas catastrophiques, mais mauvais.
Les parents commencent à croire que les comics transforment leurs enfants en homosexuels criminels adorateurs du diable.
Eh bien, on ne peut pas laisser dire ça.
Non, on ne peut pas.
Santé
Prost

Ça fait des années que je lis tes textes. Tu pourrais être un excellent écrivain.
Je ne savais pas que dans le monde des comics, on espérait atteindre l'« excellence ».
C'est le cas à présent. Il est temps que ça change.
Écoute, tu es une personne franche, alors je vais être franc avec toi, petite.
Je pense qu'il est temps de mettre ton nom sur tes comics.
Quoi ?

C'est absurde.
Personne ne signe un comics de son nom.
C'est un suicide professionnel.
Mais…
Vous venez de me dire que les ventes étaient MAUVAISES. Pourquoi est-ce que j'apposerais mon nom sur un bateau qui coule, hein? Pour vous sauver la mise? Le SS Highsmith qui coule avant même de quitter le port.
Mais tu es un excellent écrivain, petite! Si tu revendiquais ces écrits, tu pourrais devenir célèbre!
Tu ne visualises pas?
Devenir un écrivain avant-gardiste?
EXCITING COMICS
C'est hors de question, Richard.
Je préfère démissionner et trouver un job minable au salaire minimum plutôt que de mettre mon nom sur un truc aussi humiliant que ça.
Allons, un peu de nerf!
VLAN

pfoing!
Aïe!
Alors, vous êtes virée ou quoi?
C'est quoi déjà le nom de votre femme, Eddie?
Pourquoi?
Parce que j'ai envie de vous assassiner, mais je veux m'assurer qu'elle n'a pas déjà tout prévu.
pfoing!
Aïe!
Miss Highsmith?
Quoi, Andy?

Miss Highsmith…
Je crois avoir trouvé un moyen de vous sortir de ce trou à rats.
Vraiment?
J'ai rencontré ce type qui plane à des années-lumière. Je crois que vous allez vraiment bien l'aimer. Il a plein de grandes idées.
Tellement.
Il en a même trop.
C'est pourquoi j'ai pensé à vous!
Génial.
Et, euh, j'ai pensé que vous feriez un couple bath.
Vous pensez que je lui porterais un intérêt… amoureux?
C'est ça.
Moi et ce… type?
Oui, m'dame.

Qu'est-ce qui peut bien vous faire penser ça?
Eh bien, franchement, si vous ne voulez pas sortir avec moi, je ne vois personne de mieux que lui.
De toute façon, vous allez devoir vous marier sous peu.
C'est quoi le rapport avec le fait que je ne travaille plus ici?
Il travaille chez Timely Comics. Ça pourrait au moins être un bon contact professionnel.
Timely, hein? C'est…
C'est pas si mal, en fait.
Mais oui, amenez-le chez moi ce soir.
Oui!
Au pire, je rigolerai un coup.
ding!

CLIC
CLAC
CLIC
CLAC
CLIC
CLAC
CLIC
CLAC
CLAC
CLIC
CLIC
CLAC
CLIC
CLIC
CLAC
CLIC
CLAC

CLIC
CLAC
CLIC
Qui avez-vous déjà
eu envie de tuer?
CLIC
CLIC
LAC
CLAC
CLAC
CLIC
CLIC
CLAC
CLAC
lui serra la gorge si fort
crut se rompre les pouces
asdfikkikfdas
Hé!
Spider! Arrête
un peu!

ronronrrron
Viens par ici, l'amie.
Les garçons vont bientôt arriver.
On va se rafraîchir un peu avant qu'ils soient là.

ploc!
ploc!
Ou peut-être que je peux leur fracasser la tête pendant que tu leur arraches les yeux.
Qu'en dis-tu, ma jolie?
smack!
ronrrrron

toc
toc
Hello, Miss Highsmith !
Andrew.
Où est votre prétendu ami ?
C'est quoi cette histoire ?
Il…
Je suis juste là !
Désolé, l'une de vos voisines avait l'air d'avoir besoin d'aide pour porter ses courses.
tap
tap
tap
Eh bien entrez j'imagine.

Et ce boy-scout a un nom ?
Mais bien sûr !
Patricia Highsmith, voici Stanley Lieber.
En fait, je préfère utiliser mon nom de plume ces jours-ci.
Stan Lee.

Lieber.
Enchantée, Stan.
Et si on buvait quelque chose?
tap
pffaa!
Bien sûr. Qu'avez-vous apporté?
Alors vous bossez pour Timely, hein?
C'est ça.
Ils ont plein de titres populaires.
On est en train de faire de grands changements en ce moment, on cherche de nouvelles plumes pour entrer dans une nouvelle ère.
Ronrrrrron

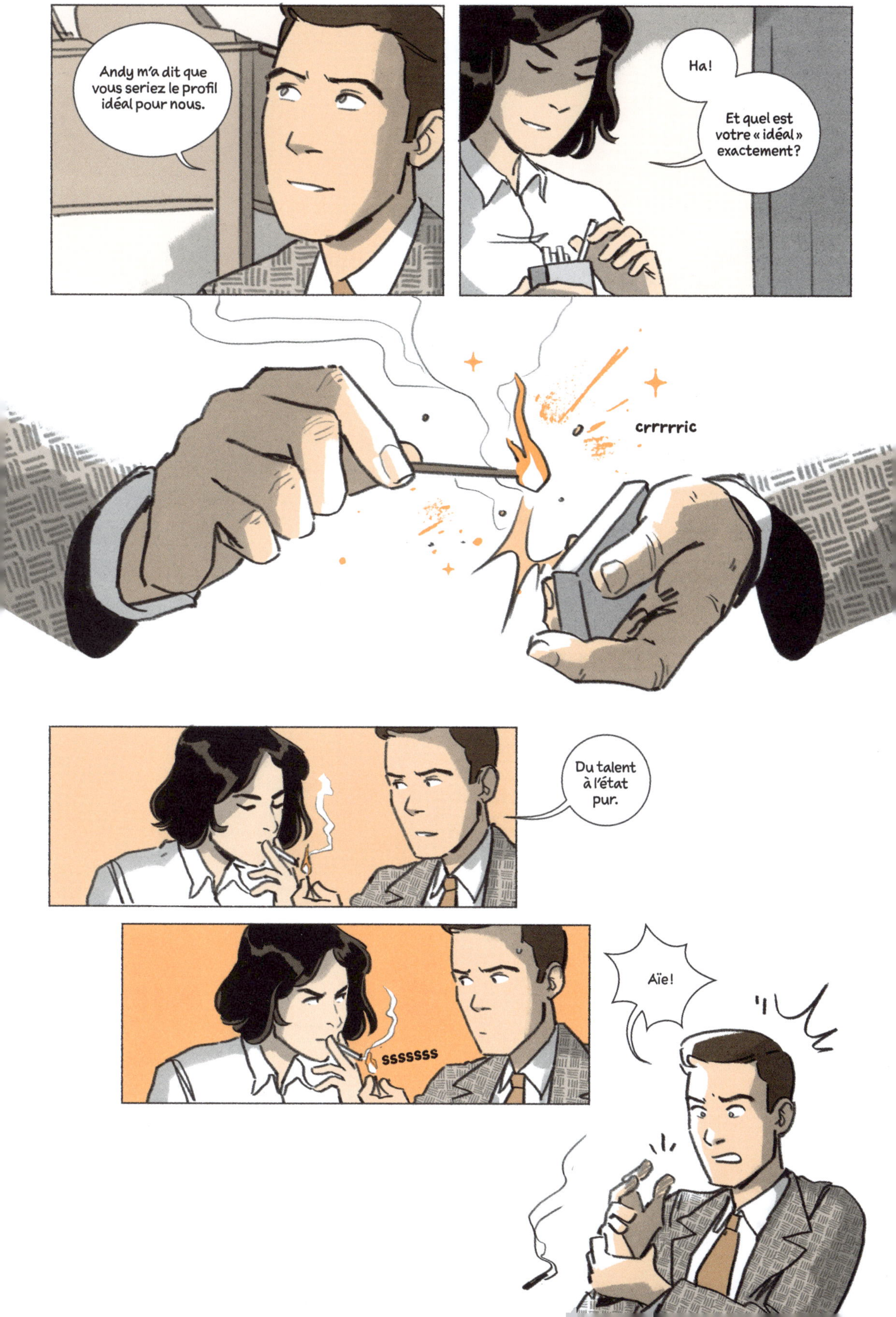
Andy m'a dit que vous seriez le profil idéal pour nous.
Ha!
Et quel est votre « idéal » exactement?
crrrrric
Du talent à l'état pur.
SSSSSSS
Aïe!

Non, non, non.
Vous avez tort.
zzzzz...
Pas du tout.
Les comics sont morts.
Ça ne convient qu'aux illettrés.
Mais ça pourrait être tellement plus que ça.
Pardon?
Les hommes préhistoriques trouvaient que les dessins étaient plus parlants que les mots.
Mais c'étaient des illettrés.

Mais vous voulez écrire des polars !
Est-ce que c'est plus prestigieux ?
Est-ce que c'est plus prestigieux ?
J'écris de bons romans.
Qui ont des aspects criminels.
Il y a beaucoup d'aspects criminels dans les comics.
Peut-être que vous ne les aimez pas, car il n'y est pas seulement question de meurtre.
Le meurtre est intéressant, parce que c'est très intime.
En plus, ce n'est pas le crime qui m'intéresse.
Mais le châtiment.

Mais si vous mettez toutes ces meshugas dans un cosmic…
Coznik…
Oh là.
Y a quoi dans ce truc ?
De l'alcool.
Je le savais.
Écoutez, Pat.
Réfléchissez-y.
Pensez à ça :
Des comics.
Non.

Finis les comics. Que des vrais livres.
Des livres respectables.
Vous et moi, on peut les rendre respectables.
Vous et moi.
Et est-ce que ça vous dirait de m'embrasser?
J'ai besoin de prendre l'air.

!@*$%#
Hé!
Oui?
Vous avez du feu?
Bien sûr!

Euh.
En fait, c'est bon.
J'ai de quoi.
tchac!
Bonne nuit!
Pat?

Je crois qu'on devrait rentrer, tous les deux.
Stan, je…
Je ne suis pas du tout intéressée.
Je comprends.

J'appellerai votre agente demain matin pour le Timely.
Quel est son nom ? Margot ?
Oh, vous n'êtes pas obligé de faire ça.
Ce n'est pas un contrat à vie, Pat.
Vous n'êtes pas mariée à l'écriture de comics.
Vous pouvez pondre quelques jobs en freelance et passer à autre chose.
Je pourrai garder mon boulot actuel ?
Vous faites ce que vous voulez, du moment que le travail est fait.
Miss Highsmith… Coucou.
On va y aller.
Stan.
Bonne nuit.

VLAN !
Non.
Je suis là juste pour boire.
Allez boire ailleurs.
Allez boire dans un de ces bars de filles.
Trop de femmes.
Je pensais que c'était le but.
Là-bas, les toilettes sont répugnantes, et les clientes encore pires.
Non.
Surtout pas ce soir.

Salut, je m'appelle Patricia.
Et vous ?
Euh…
Vous occupez pas de lui. La seule fille à qui Marc a jamais parlé est la secrétaire de son patron, et elle est mille fois moins belle que vous.
Arrête ça, John.
Oh ! Ben désolé, mais j'ai une fiancée maintenant. Moi je reste sage !
Ha.

Qu'est-ce que vous faites dans la vie, Patricia.
Attendez, ne me dites rien.
Serveuse?
Opératrice téléphonique?
Vendeuse? Non, ça peut pas être ça.
Me dites pas que vous êtes dans un pool de sténographie? Tout sauf une sténo, pas vrai, Marc?
Euh…
En fait, je suis écrivain.
Ça alors, vraiment?
Oui!

Marc aussi est écrivain ! C'est pas incroyable, ça !
Écoutez !
Vous entendez ça ?
Je n'entends …
C'est les cloches du mariage.
Une petite danse, les tourtereaux ?
Alors Marc ?

clic
clac
clic
clac
clic

Alors je tire la chasse, encore et encore, mais rien ne se passe.
Et soudain, ça déborde.
pat
pat
pat
Et toute la salle de bains est inondée, j'en ai jusqu'aux chevilles.
sniiiiiiff
Et je peux rien faire d'autre que regarder ! Comme si j'avais des bras de plomb !
ÉCOLE DE MÉDECINE DE NEW YORK
Vous pensez que ça veut dire quoi ?

C'est un rêve très inquiétant, Patricia.
Appelez-moi « Pat ».
Très inquiétant, oui.
Mais il veut dire quoi, Dr Klein?
Klein est mon nom de jeune fille.
Alors vous préférez qu'on vous appelle « Eva »?
C'est noté.
MRAOU!!!
Je préfère « Dr Lipshutz ».

Patricia, ce rêve que vous avez fait, associé à ce que vous décrivez comme…
« Un désir incontrôlable, mais pas insatisfaisant pour les femmes »
Mhmm.
… m'indique tout ce que je dois savoir.
Vous haïssez votre mère et voulez la faire disparaître dans les toilettes.
… peut-être.
Dr Klein…
Patricia…

Dr Klein, sauf votre respect, ces séances vont être très coûteuses.
Je dois savoir dès maintenant si elles vaudront mon temps et mon argent.
De gens se font tuer pour ça.
Je risque de tout perdre.
Stan Lee représente tout ce que je déteste en moi.
Et il est juif par-dessus le marché.
Et si je ne mérite même pas ça, alors…
Vous pouvez me guérir, oui ou non?

Soupir
Patricia, comment vous sentez-vous lorsque vous êtes prise d'envies homosexuelles ?
Contente.
Enthousiaste.
Anormale.
Mitigée.
Coupable.
Intéressant.

J'ai une bonne nouvelle pour vous, Patricia.
Vous pouvez me guérir?
Oui.
Je peux faire de vous une hétérosexuelle.
Oh, bien.
Mais sachez que ce ne sera pas facile, Patricia.
Je n'ai pas de vaccin qui fera que vous serez attirée par les hommes.
FACTURE
Patricia, vous pouvez devenir meilleure si vous faites vraiment des efforts.
Je ferai de mon mieux.

crounch
mounch
mounch
mounch
Je suis contente que vous soyez passé, Marc.

Eh ben, euh, j'étais dans le coin de toute façon.
Du vin?
Non, je ne devrais pas.
meunch
monch
meunch
crounch
crounch
meunch
crounch
Il faut que je sorte m'en griller une.

CLIC
CLIC
CLIC
CLAC
CLAC

BOUM!
VRA-DUM!
PAF!
CLIC
CLIC
CLAC
CLIC
CLAC

Soupir
Baaaâille.
Tu seras toujours mon seul amour, Spider.
N'oublie jamais ça.

Allô, Margot?
C'est Pat.
Et alors, vous êtes mon agente, quelle que soit l'heure.
Écoutez, j'ai fini d'écrire. Il est bouclé.
Mon livre.
L'Inconnu du Nord-Express.
Je voulais vous prévenir que vous le recevrez demain matin.
Pour que vous puissiez le montrer aux éditeurs directement.
Kay est avec vous? Vous êtes toujours ensemble? Passez-lui mon bonjour.
Allô ? Allô ?
Toi tu ne me décevrais jamais comme ça, Spider.

Un papillon.
Un masque.
Une mère et son enfant.
Ha!

Patricia, il faut prendre cela au sérieux.
Dr Klein, je suis très sérieuse.
C'est vous qui me montrez des images suggestives.
Je suis au maximum de mon sérieux.
Hé!
HÉ!

Écoutez-moi bien, Patricia...
On y travaille depuis des semaines, mais je ne vois aucune amélioration en vous.
Ha!
Faux, et injuste!
Ah, vraiment?
Fréquentez-vous quelqu'un?
Euh...
Un homme peut-être?
Oh! Oui! Bien sûr!
Marc!
C'est un homme, ça!

Fréquentez-vous des femmes?
tic
tac
tic
tac
Non?
Patricia.

Dr Klein.
Je fais de mon mieux.
Ce n'est pas ma faute si votre traitement ne marche pas.
Tsss.
Vous n'avez même pas suivi mon conseil le plus simple :
Vous devez cesser d'écrire des comics !
Croyez-moi, je démissionnerais si je le pouvais.
Ils vous entraînent sur la voie de la dépravation.
Pas étonnant que votre sens moral soit confus.
Confus ?

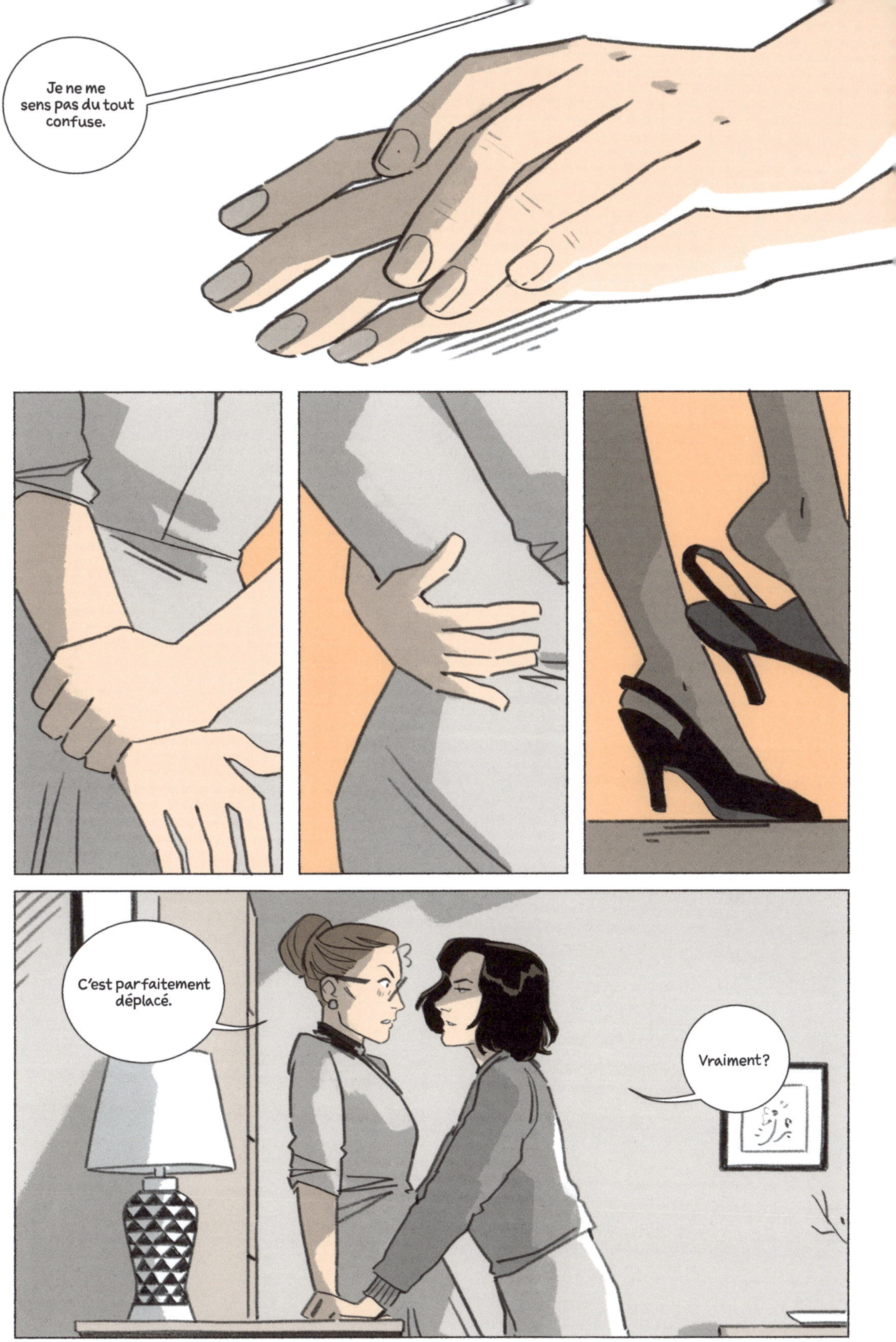
Je ne me sens pas du tout confuse.
C'est parfaitement déplacé.
Vraiment?

Oui.

VLAN !

Argh.

Miss Highsmith?
Miss Highsmith?
Miss Highsmith?
Quoi, Andy?
Voulez-vous bien regarder ces *Romantic Adventures* et me dire si vous avez des modifications?
Ôtez ces fariboles de ma vue.
Vous bossez sur quoi?
Euh, c'est rien.
Nom d'un chien!

C'est des comics de Timely !
frouch
pffft !
Hé Andy, vous avez qu'à le dire encore plus fort ! Je crois que Richard ne vous a pas entendu !
Alors, les choses ont fonctionné avec Stan tout compte fait ?
D'une certaine façon.
Je pensais que vous démissionneriez.
Vous ne trouvez pas ça malhonnête de jouer sur les deux tableaux ? Travailler sur des titres de Stan tout en étant dans les bureaux de Richard ?
Tout cela doit s'écrire d'une façon ou d'une autre.
Peut-être, mais moralement...
gratte
Écoutez bien ce que j'ai à vous dire :
Qui s'en soucie ?

Qui se soucie de tout ça?
Écrire des histoires débiles pour des enfants débiles et des adultes encore plus débiles.
Ça fait un chèque.
Deux chèques.
Et dès que mon agente aura vendu mon vrai livre, je n'aurai plus besoin d'eux.
Alors, qui s'en soucie?
Moi, je m'en soucie.
Alors, vous êtes le plus débile de tous.
Pourquoi vous avez besoin de cet autre chèque?

Tenez.
Allez au magasin en bas et achetez-moi un coca.
Je vous dirai tout le mal que je pense de vos textes à votre retour.
Oh, Miss Highsmith, aucun problème ! Je suis là pour ça !
« Merci pour tout Andy. Vous êtes trop bon envers moi. »
Qu'est-ce qui ne va pas, Andy ?
pffuut !
Y a de l'eau dans le gaz ?

C'est quoi le problème Andy?
Tu as fini par comprendre quel trouble mental affecte notre chère Patty?
Quoi?
Arrêtez
T'es pas au courant? C'est pas par hasard qu'elle sort pas avec toi.
pffuut!
C'est une fille bizarre.
pffuut!
Une femme robuste.
pffuut!
Une femme indépendante.
pffuut!
Tu sais, une…

GOU

INE

Et maintenant, il se passe quoi ?
Dites-moi juste ce qui vous passe par la tête, oui ?
Dr Klein me manque.
« Dr Lipshutz ».
C'est ça.

Vous comprenez pourquoi elle vous a adressée à moi, oui ?
Parce que je suis trop séduisante.
tic
tac
Parce qu'elle est juive ?
Elle est au-dessus de ces considérations. Veuillez ne pas dénigrer ma consœur.
tic
tac
Elle m'a laissée, car je ne suis pas quelqu'un de bien.
Peut-être.

Lors de nos séances précédentes, vous avez évoqué la relation anormale que vous entretenez avec votre mère, oui?
Ha!
Ma mère.
Dr Klein était obsédée par ma mère.
Et ma mère est obsédée par moi.
Mais, pirouette freudienne :
Je ne suis pas obsédée par ma mère.
Et c'est tout.

Quelle sorte…
Dr Klein vous a-t-elle dit que ma mère buvait de la térébenthine quand elle était enceinte de moi ?
Oh, elle adore raconter cette histoire.
Et moi aussi, mais pas pour les mêmes raisons je crois.
Je ne suis pas du tout comme elle.
Je ne refuse pas de voir un psy par exemple.
Vous pouvez noter ça.
Soupir
Son mariage était une sacrée débâcle.
Ce qui n'est pas mon cas.

J'ai décidé que je voulais épouser Marc.
Ce serait la chose à faire la plus normale, la plus sensée, pour une femme.
Parce que lui, c'est un homme.
On a couché ensemble, vous savez.
Marc et moi.
Et c'est positif !
C'est une bonne chose !
Rapport à mon hétérosexualité hésitante !

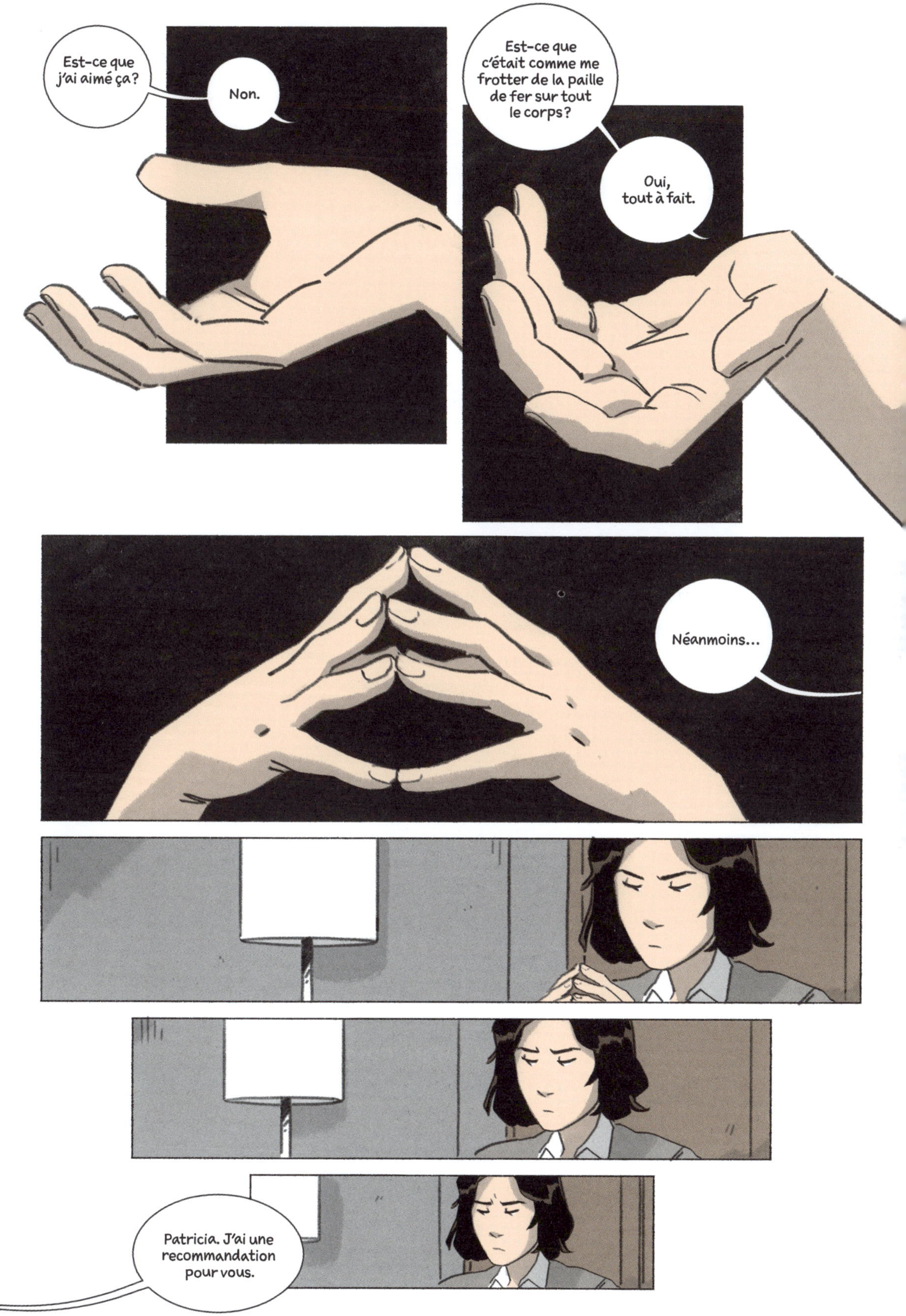
Est-ce que j'ai aimé ça?
Non.
Est-ce que c'était comme me frotter de la paille de fer sur tout le corps?
Oui, tout à fait.
Néanmoins…
Patricia. J'ai une recommandation pour vous.

La thérapie de groupe.
Patricia, comme vous, ces femmes sont toutes des homosexuelles latentes.
Je le dis toujours, qui ne « latente » rien n'a rien.
HAHA!
Désolée.

Eh bien, doc, je dois dire que vous avez du flair sur ce coup-là.
M'entourer de femmes aux idées similaires est sûrement la solution à mon problème.
Très contente de vous avoir parlé.
À une prochaine.
Oh non, vous avez encore des séances avec moi, oui ?
FACTURE
FACTURE
Euh…
Asseyez-vous à côté de moi !
Oui, d'accord.
BILL
BILL
Je suis Virginia.
Pat.
Patricia.
En général, on sort dîner ensemble après ces réunions.
Vous devriez venir !

DESSERTS

Soupir

Il faut qu'on l'arrête avant de se noyer.
Oh non!
chakatakatchatchakatakat
Patricia?
Marc?

Ne vous en faites pas, les filles !
Je vais vous sauver, oui ?

HAAAN
Quoi?

Téléphone.
clic
clac
clic
C'est qui ?
Merci,
Andy.
Allô ?
Margot !
Comment va mon agente préférée aujourd'hui ?

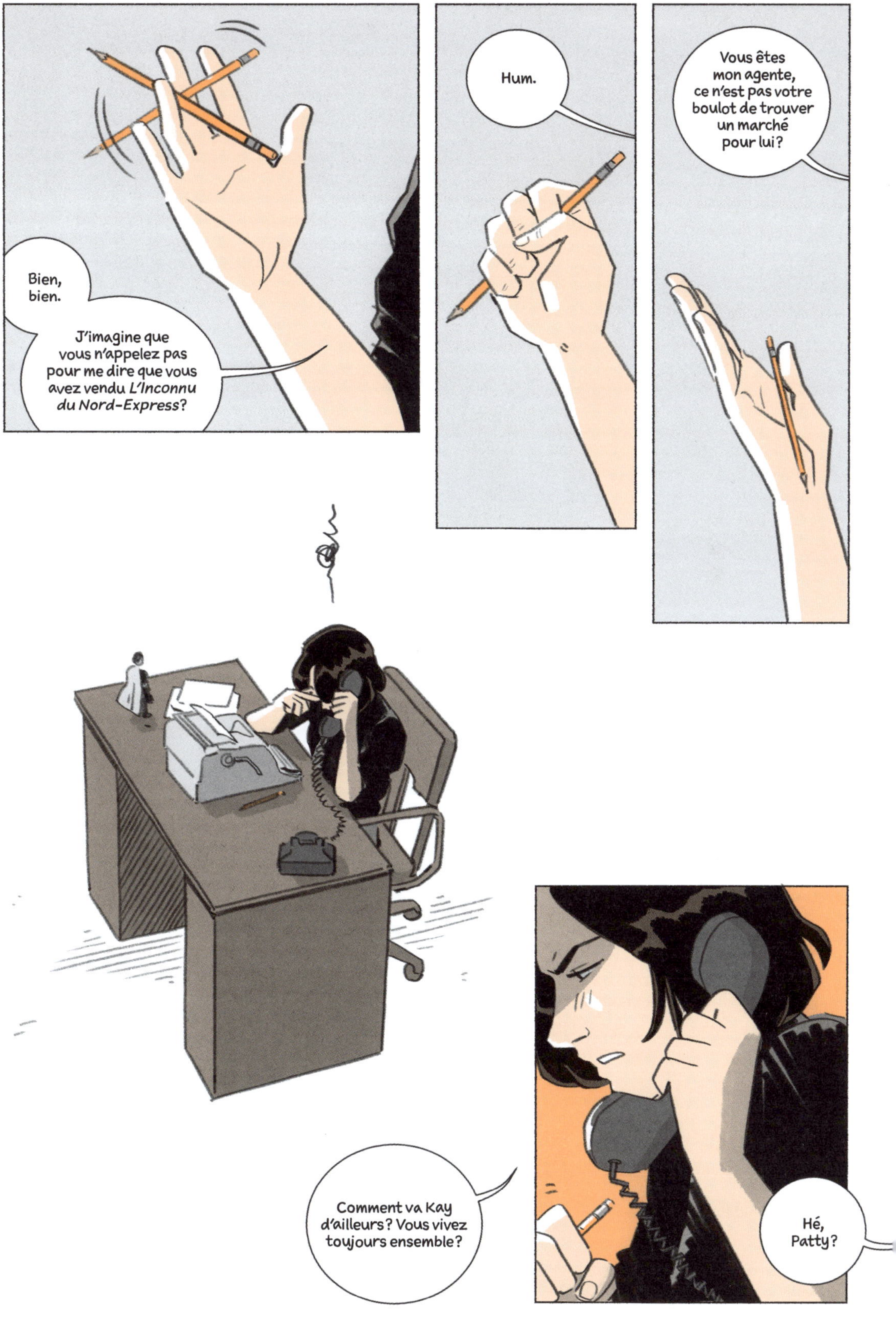
Bien, bien.
J'imagine que vous n'appelez pas pour me dire que vous avez vendu *L'Inconnu du Nord-Express*?
Hum.
Vous êtes mon agente, ce n'est pas votre boulot de trouver un marché pour lui?
Hé, Patty?
Comment va Kay d'ailleurs? Vous vivez toujours ensemble?

Richard veut vous voir.
Maintenant.
Je vais devoir vous rappeler.
Il y a un macaque échappé du zoo qui a atterri sur mon bureau.
Il va vous virer, Patty.
Bon sang, Eddie.
Vous êtes un écrivain.
Trouvez une autre blague.
C'est pas une blague ! Vous verrez !
Vous voulez quoi, Richard?
VLAN

Assieds-toi, petite.
Qu'y a-t-il, Richard?
Est-ce que tu me respectes?
Quoi?
Parce que je viens de parler au téléphone avec nos concurrents de Timely Comics.
Oh.

Richard…
Je devrais te virer maintenant, petite.
Richard…
Je pourrais supporter que tu ailles à la concurrence. Je l'accepterais.
Mais faire leur travail dans mes bureaux?
Leur camelote?
C'est vrai que vous vous y connaissez en camelote, Rosenbaum.
Au moins, ils payent, eux. Et ils vendent.
Qui vous l'a dit? Eddie?
Peu importe.

Tu n'en avais pas assez ici, petite?
Euh, non, mais ce n'est pas à cause de ça.
Je... j'ai vraiment besoin de cet argent.
J'essaye de payer ce psychanalyste.
Et alors? Tout le monde se paye une psychanalyse ces jours-ci.
Celui-ci est un spécialiste, vraiment cher.
Je suis atteinte...
Eh bien, de quoi?
De lesbianisme.
tousse

Je sais que vous voulez sûrement me virer, mais j'essaye de m'améliorer ! Promis !
J'ai un petit ami ! Il s'appelle Marc, et c'est un homme !
Bon, bon, j'en ai assez entendu.
Je ne vais pas te virer.
Merci !
Mais je ne vais pas t'augmenter non plus.
Tu vas devoir te débrouiller avec tes finances.
Et on arrête d'écrire pour Timely dans mes bureaux !
Ou mieux : on arrête tout court.
Et tu devras écrire toutes les *Romantic Adventures* que je veux, même si je sais que tu les détestes !

Vous ne le regretterez pas !
Je sais bien.
C'est plutôt toi qui regretteras.
Annabel?
Chérie, j'ai une question au sujet de Pat Highsmith…

BAM!

Soupir

CLIC
CLAC
CLIC
CLAC
CLIC
CLAC
CLIC
CLAC
CLIC
CLAC
CLIC
CLAC
CLIC
CL...
CL...
CL... CL...

CL...
CL...
CL...
Non non non
NON!
VLAN!
ding!
!@*$%#

Bon.
BLOOMINGDALE'S

Désolée pour ce froid. Le chauffage n'arrive pas toujours jusqu'au sous-sol.
Je cherche juste un mi-temps, peut-être saisonnier.
MANAGER
Je ne suis pas vraiment une vendeuse de carrière.
Personne ici ne l'est vraiment.
Il faut seulement que je gagne assez pour une nouvelle machine à écrire.
Je suis écrivain.
Qu'écrivez-vous?
Des histoires à suspense.
Et des comics.

Des comics ?
Pour les enfants ?
Oui.
Ces lectures ne sont-elles pas malsaines ?
Peut-être.
J'ai un neveu qui lit des comics.
Ah oui ?
Oui. C'est un petit morveux.
Il a noué mes lacets une fois, pendant la messe de la veillée pascale.
Oh.
Hum.
Bien.
Je vais vous mettre au rayon jouets, vu que vous travaillez avec des enfants.
Oh non, je ne…
Bienvenue dans l'équipe.

Excusez-moi, mademoiselle?
Ma fille aimerait voir cette poupée.
snif
Voilà.
sniff
tousse
atchoum
Je veux pas de cette poupée! J'en veux une autre!
Ma fille aimerait une autre poupée.

J'ai une fille.
Tousse !
Je ne savais pas.
C'est toute ma vie.
Je ferais n'importe quoi pour elle.
CAKES
PIES
Je suis sûre que vous êtes une mère extraordinaire, Virginia.
Votre fille a de la chance.
Moi aussi, j'ai de la chance.

Vous n'avez jamais voulu avoir d'enfants, Pat?
HAHAHAHAHAHA
Je vous trouve courageuse d'élever un enfant dans le monde où nous vivons.
Imbécile, mais courageuse.
C'est peut-être le courage qui me manque.
Mais sûrement pas l'imbécillité.

C'est quoi ça?
Euh, c'est rien.
C'est une sorte de classement?
C'est quoi tous ces noms?
Les femmes avec qui j'ai couché.
Oh.
Je vois que vous m'avez mis de bonnes notes.
Bien sûr.

Est-ce que ça c'est Helen, de notre groupe?
Oui.
Je lui aurais mis une meilleure note que vous.
HA!
Qui c'est Kay?
La copine de mon agente.
STOYEVSKY
Oh là.
Ça ne devait pas valoir le coup.
Statistiquement parlant.
Ça reste à voir, d'une façon ou d'une autre.
Hummm.
Real LIFE COMICS
10¢

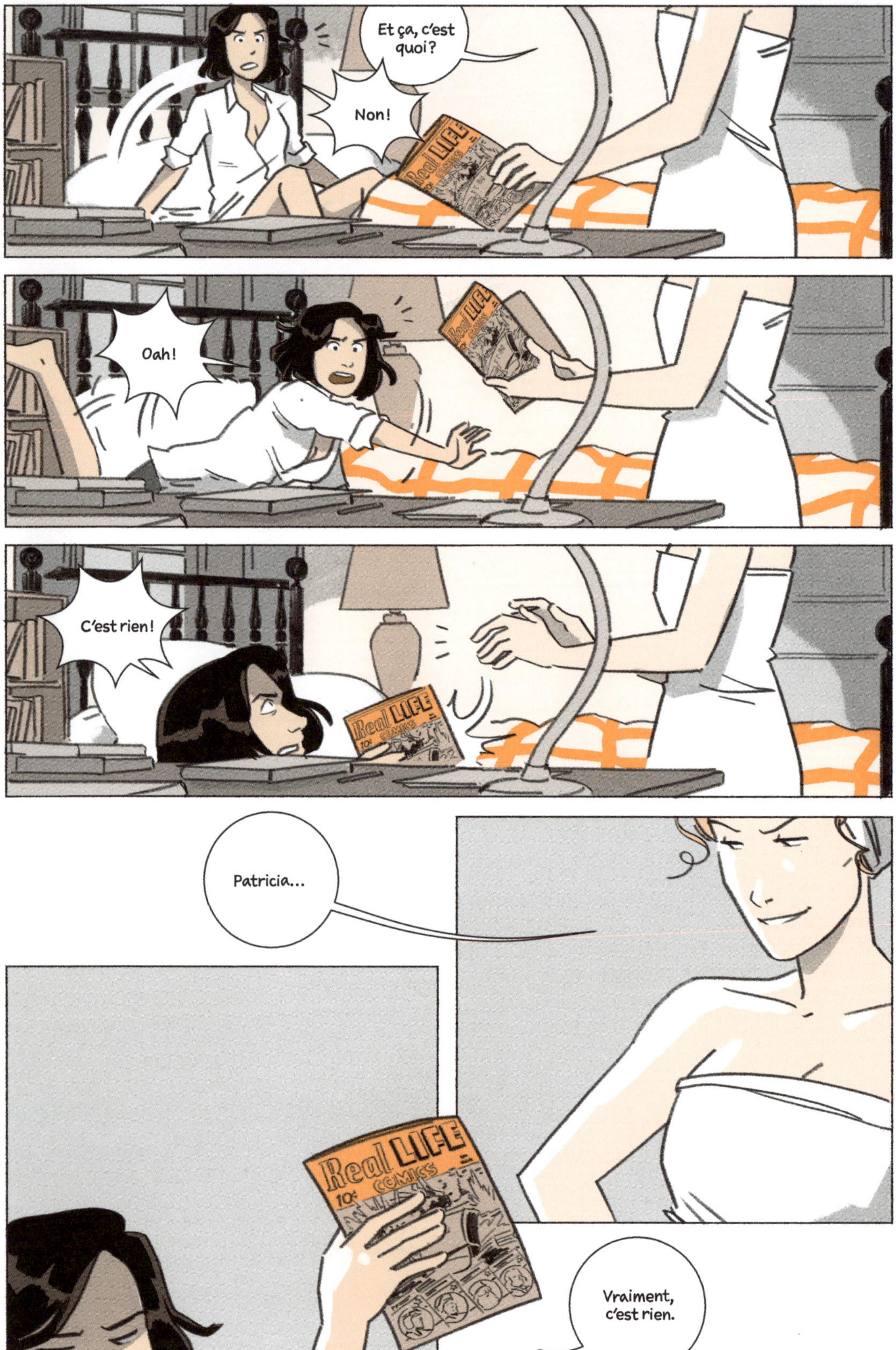

Et ça, c'est quoi?
Non!
Real LIFE COMICS
Oah!
C'est rien!
Patricia...
Vraiment, c'est rien.

Pourquoi est-ce que vous avez ça?
C'est rien.
Je l'ai écrit.
C'est rien.
Ce n'est pas rien.
Je croyais que vous écriviez des romans à suspense.
C'est le cas!
Enfin, je dirais pas que ce sont des « romans à suspense », mais plutôt de « bons romans ».
Mais j'écris aussi, euh, de la merde.
Votre nom ne figure nulle part.
C'est pas une coïncidence.

Je sais que c'est dur de lutter contre sa nature.
Vous ne savez rien de moi, Virginia.

C'est quoi, ça?
Des textes.
OK.
Stan est venu chez moi hier soir.
OK.
Il voulait vous dire qu'il est désolé pour votre machine à écrire, et qu'il faut l'appeler dès qu'elle sera réparée.
OK.
CRIME CRUSHERS
Vous êtes au courant qu'il est fiancé?
Alors il fera sûrement le bonheur d'une gentille fille juive.
Elle n'est pas juive.
Tant mieux pour lui.
CLIC
CLAC
CLIC
CLAC
CLIC

Pourquoi vous êtes toujours comme ça, hein ?
Comme quoi, Andy ?
Vous êtes tout le temps furax.
Même quand je fais un effort pour être gentil avec vous !
Je ne vous ai jamais demandé d'être gentil avec moi.
Ce n'est pas comme ça que la gentillesse fonctionne, Pat !
Si vous étiez gentille, vous le sauriez !
Personne ne vous aime !
Vous vous croyez supérieure à tout le monde ici, mais si c'était vrai, vous ne seriez pas ici.
Avouez-le, Pat...
Vous êtes juste une écrivaillonne de comics.

Andy, je ne le répéterai pas :
Je ne coucherai pas avec vous, jamais.
Et ce n'est pas seulement pour la raison la plus évidente.
C'est parce que vous croyez être quelqu'un de bien, mais c'est faux.
Allez, retournez dans votre trou à rats constellé de taches d'encre et laissez-moi.
Pourquoi vous comportez-vous toujours comme une garce ?
Je suis toujours moi-même.
CLIC
CLAC
CLIC
CLAC
snifff
CLAC
CLIC
CLAC

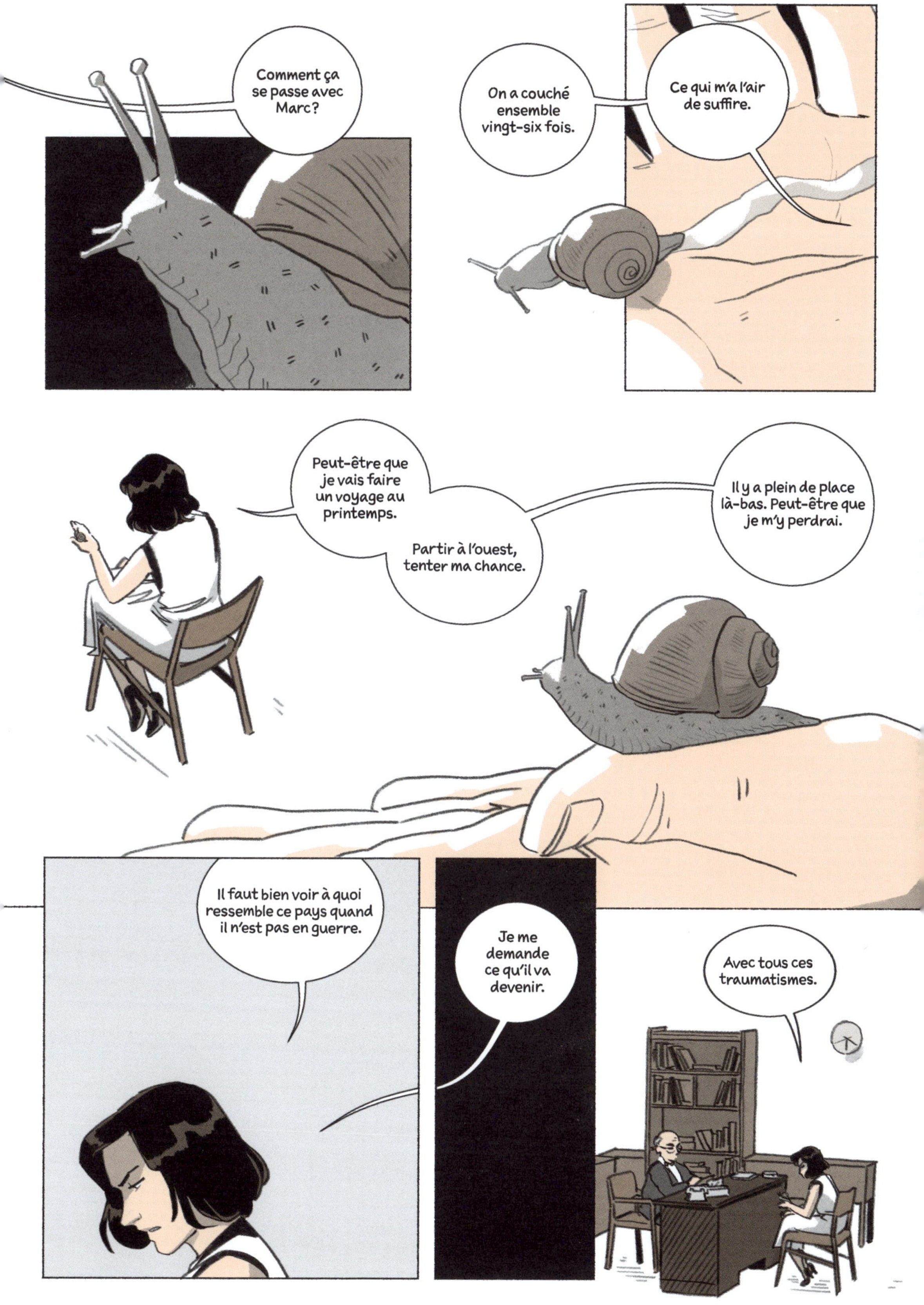
Comment ça se passe avec Marc?
On a couché ensemble vingt-six fois.
Ce qui m'a l'air de suffire.
Peut-être que je vais faire un voyage au printemps.
Partir à l'ouest, tenter ma chance.
Il y a plein de place là-bas. Peut-être que je m'y perdrai.
Il faut bien voir à quoi ressemble ce pays quand il n'est pas en guerre.
Je me demande ce qu'il va devenir.
Avec tous ces traumatismes.

Patricia, pourquoi avez-vous apporté un escargot à votre séance aujourd'hui ?
Je le sentais bien.
Vous sentiez l'envie de l'apporter, ou vous vous sentiez comme l'escargot ?
Ça, c'est un coup bas.
Pourquoi venez-vous à ces séances si vous ne les aimez pas ?
Je vous paye plus de la moitié de mon salaire hebdomadaire pour être ici.
Ce ne serait pas à vous de répondre à cette question ?
. . .

Soupir
Je ne sais plus ce que je veux.
Enfin, comme si je l'avais jamais su.
Je suis…
Je suis si fatiguée d'avoir honte.
Je me sens tirée de toutes parts, et partout, je me sens coupable.
Ce que je mérite ! Je mérite de me sentir coupable, je mérite d'avoir honte, je mérite d'être punie.
Je sais que j'ai des failles profondes.
Je veux être une meilleure personne, mais pas assez pour changer qui je suis déjà.
Je me quitterais si je le pouvais.
Vous connaissez la solution, oui ?
Vous installer.
Épouser Marc.
Nous devrions retrouver votre groupe, oui ?

Où est Virginia?
Mrs. Catherwood ne participera plus à vos séances de groupe.
Pourquoi pas?
VLAN!

toc
toc
toc
toc
C'est pour quoi ?
Est-ce que Virginia est là ?
Vous êtes de celles-là ?
Je vous en prie, j'ai besoin de la voir.
Allez-vous-en.
Et ne revenez jamais.

VLAN!
sniff

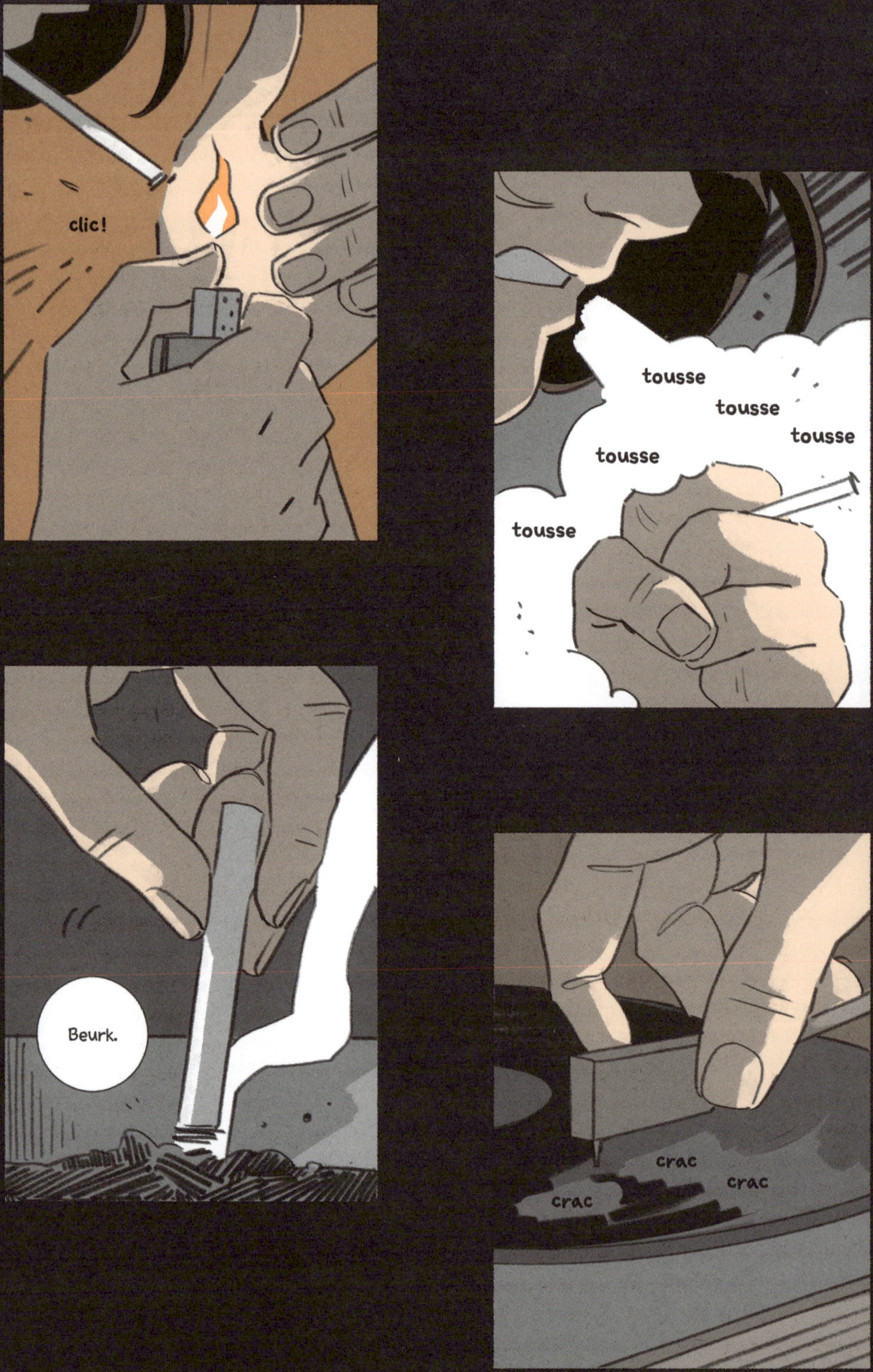
clic!
tousse
tousse
tousse
tousse
tousse
Beurk.
crac
crac
crac

Madame? Excusez-moi, madame?
Hum?
Avez-vous des poupées qui font pipi?
Personnellement ou en réserve?
Hein?
Je vais vérifier.

Virginia?
Je prends ma pause-déj.
Mais il est 9 h du matin!
Virginia?
Par ici.

Je suis si contente de vous voir !
Je voulais vous voir une dernière fois, Patricia.
Une dernière fois ?
C'est pas facile à expliquer.
Un détective m'a enregistrée.
Avec Helen.
Et maintenant, mon mari veut m'enlever ma fille.
Ma fille.

Enfuyez-vous avec moi.
Je ne peux pas.
Nous partirons à l'ouest, et nous… et nous recommencerons de zéro dans un nouvel endroit.
Je trouverai un moyen de vendre *L'Inconnu du Nord-Express*, et nous vivrons de ça.
Je ne peux pas.
Nous pouvons partir tout de suite.
Patricia.
Je ne peux pas.
S'il vous plaît.
Je ne peux pas me permettre d'imaginer un tel avenir.
Ne m'abandonnez pas encore une fois.
J'ai toujours admiré la drôle de fille que vous êtes, Pat.
Tombée d'une autre planète, on dirait.

Je hais Noël.

Marc veut que je vienne chez lui pour le réveillon.
Je lui ai dit que Noël était pour la famille.
Il n'a pas apprécié.
J'ai quelque chose à vous dire, même si ça me fait de la peine.
Atchoum !
Je crois que vous aviez raison.
Je crois que je dois épouser Marc.

Il n'y a rien d'autre pour moi ici.
sniff
On dirait que mon puits de solitude est sans fond.
Façon de parler.
Poursuivez.
Donc, si je ne peux pas m'attacher naturellement à quelqu'un, mieux vaut que je m'en remette à l'archétype du mariage homme-femme.
J'ai déjà essayé tout le reste.
Finies les imbécillités.
Plus que du courage à partir de maintenant.
Atchoum !
Gesundheit !

Il doit être plein aux as !
Regardez c'te beauté !
Le père Noël a été généreux cette année.
Ça brille tellement !
Je vois rien !
C'est romantique à en mourir !
C'est le mot, oui.
J'aimerais bien qu'on me demande en mariage.
Alors je vais vous demander.
C'est ce qu'un homme vous dira sûrement bientôt.
pat pat pat
bing
bing
bong

Les portes sont ouvertes, les portes sont ouvertes.
Bloomingdale's est maintenant ouvert.
Assurez-vous de souhaiter un joyeux réveillon à vos clients.
C'est parti.
tousse
tousse

Bon réveillon.
sniff
Linda, retire les doigts de ton nez immédiatement !

Puis-je vous aider, madame ?
Bonjour.
Je me demande si vous pouvez m'aider.
Oui.
Tout ce que vous voudrez.
Je m'intéresse à la poupée en vitrine derrière vous, celle avec le lit.
C'est celle qui me plaît, mais j'imagine que je ne peux pas l'acheter, n'est-ce pas ?
Parce qu'elle est en vitrine.
Je vais chercher les clés.

Seules les responsables d'étage peuvent prendre les clés.
J'en ai besoin.
clic
Rock-a-bye Baby
Oh, elle est à croquer.
Vous en pensez quoi ?
Je trouve qu'elle est à croquer.

Eh bien c'est décidé.
Je la prends.
Oui.
Enfin…
Euh…
Je vais vous établir une facture.
Je suis désolée si je vous rends nerveuse.
Ce doit être un travail pénible.
Oh, j'ai connu pire.
Voulez-vous que je vous l'emballe?
D'accord.

Alors, c'est pour qui ?
Ma fille.
Elle en a de la chance.
Merci.
Et voilà !

Un cadeau digne d'une princesse.
C'est fabuleux. Merci.
Attendez !
Vous avez failli oublier vos gants.
Merci.

Joyeux Noël.
Joyeux Noël.

bowwwwwww
shtac!
Wwwwwwwwwwwwwww
wwwwwww
bingagagaga
Mraou
shtac!
Soupir

glissssse
Non.
grrrrrratte

CLIC
CLAC

OUMPF

Soupir

Allô, Margot?
C'est Pat.

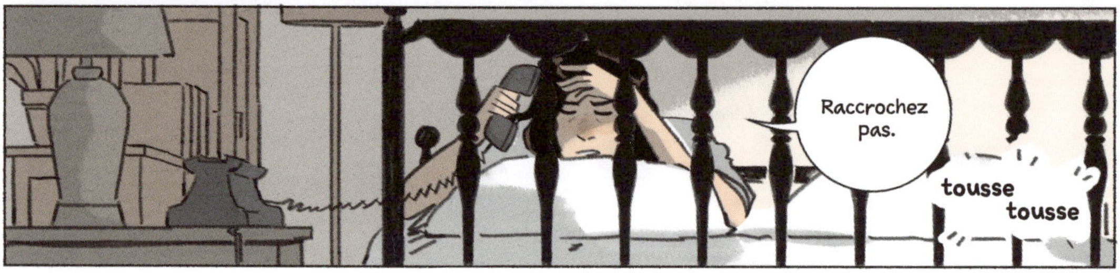
Raccrochez pas.
tousse tousse

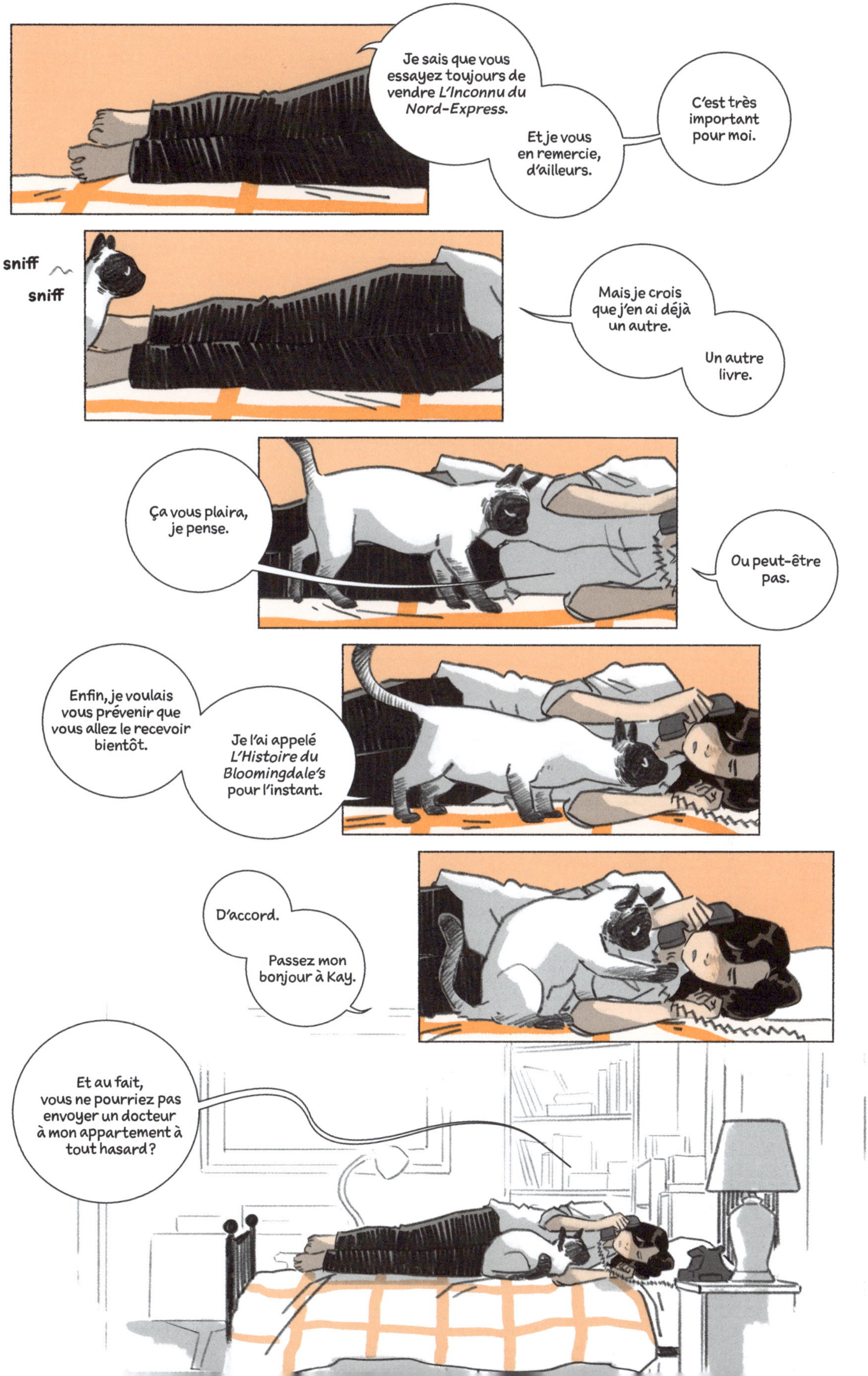
Je sais que vous essayez toujours de vendre *L'Inconnu du Nord-Express.*
Et je vous en remercie, d'ailleurs.
C'est très important pour moi.
sniff
sniff
Mais je crois que j'en ai déjà un autre.
Un autre livre.
Ça vous plaira, je pense.
Ou peut-être pas.
Enfin, je voulais vous prévenir que vous allez le recevoir bientôt.
Je l'ai appelé *L'Histoire du Bloomingdale's* pour l'instant.
D'accord.
Passez mon bonjour à Kay.
Et au fait, vous ne pourriez pas envoyer un docteur à mon appartement à tout hasard ?

cleuk
cleuk
cleuk
cleuk
cleuk
cleuk

Pat...

Pat.
Réveillez-vous.
Non.
Margot?
Elle vit!
Tant mieux, bon sang de bonsoir.
clic
clic
clic
Que faites-vous ici?
Ne grattez pas.
gratte
gratte
tchac
tchac
tchac
Le docteur m'a dit que vous aviez la varicelle.
La varicelle?
... alors je me suis dit que je devrais passer vous voir.

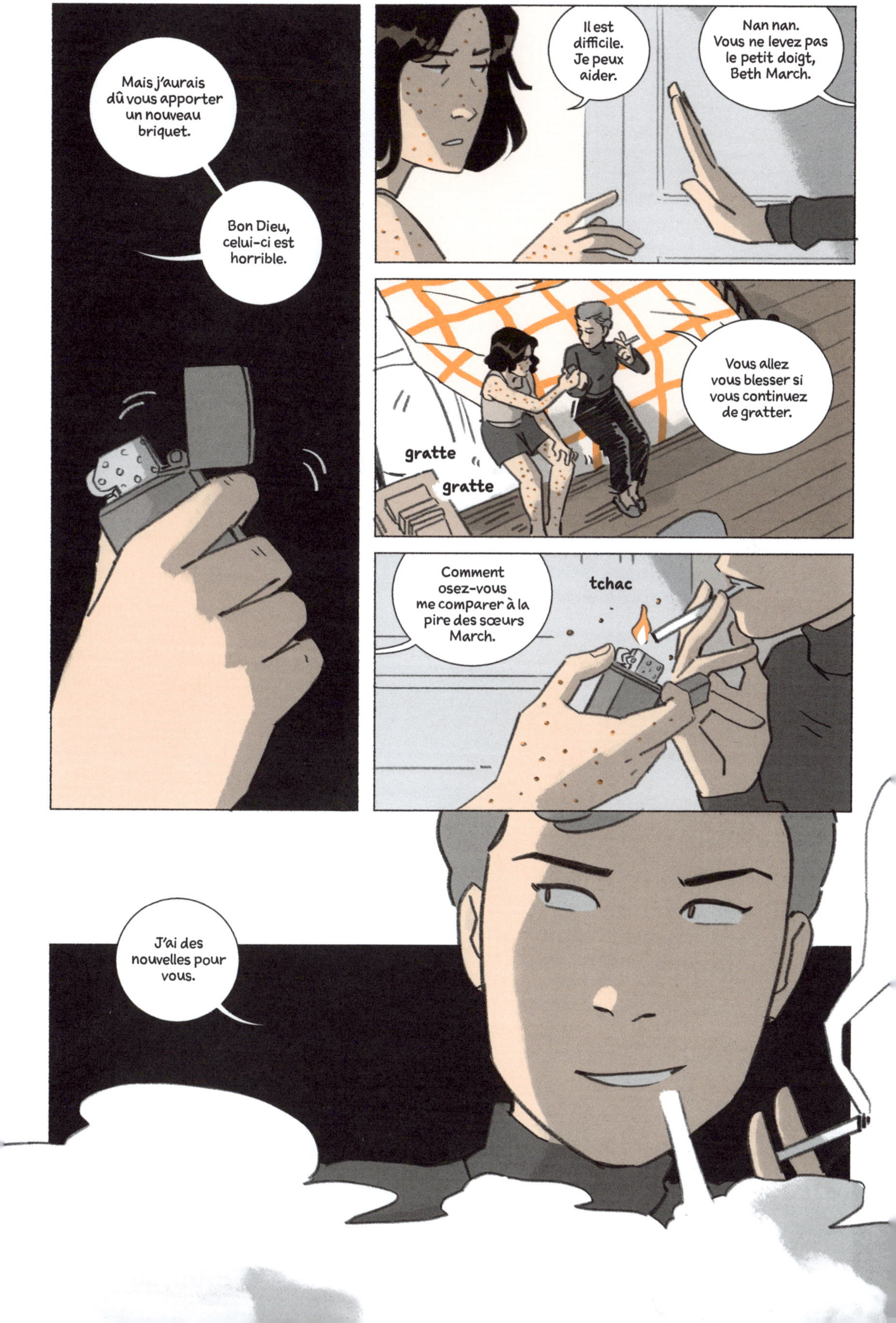
Mais j'aurais dû vous apporter un nouveau briquet.
Bon Dieu, celui-ci est horrible.
Il est difficile. Je peux aider.
Nan nan. Vous ne levez pas le petit doigt, Beth March.
Vous allez vous blesser si vous continuez de gratter.
gratte
gratte
Comment osez-vous me comparer à la pire des sœurs March.
tchac
J'ai des nouvelles pour vous.

Roulement de tambour!
Quoi, Margot?
J'ai vendu votre livre.
Quoi?
L'Inconnu du Nord-Express, ma poule!
Je l'ai vendu, bon sang de bonsoir!
QUOI!
À QUI?
Harper and Brothers!
Alors, vous tombez de votre chaise, Patricia Highsmith?
Merci, Margot!
C'est…
Je ne sais pas quoi dire.
CONTRACT
Tant mieux, parce que euh…
J'ai autre chose à vous dire, et vous allez beaucoup moins aimer.

Je ne vais pas essayer de vendre ce nouveau livre que vous avez pondu.
Le lesbien.
Quoi?
Je ne vous largue pas en tant que cliente, mais je…
Kay est partie, vous le saviez?
gratte
gratte
Non.
Je suis désolée.
Vraiment? Parce que c'est votre faute.
Pourquoi avez-vous fait ça, Pat?
Je pensais que nous étions amies.
Je ne…
Ça paraissait logique à l'époque.

Félicitations pour *L'Inconnu.*
Vous avez travaillé dur. Vous avez mérité de fêter cela.
Mais bonne chance pour vendre *L'Histoire du Bloomingdale's* par vous-même.
Faites-moi signe quand vous aurez écrit le suivant.
Avec un peu de chance, il aura une intrigue moins dingue.
Une fin heureuse pour deux filles ?
Personne n'en voudra.
Bonne année, Pat.
Peut-être qu'une de vos résolutions pourrait être d'arrêter de faire de votre vie un enfer.
VLAN

Hey.
Richard dit qu'il veut vous voir avant votre départ.
Andy…
Je ne vais pas vous présenter d'excuses.
Je n'en attends pas de votre part.
Mais je veux vous remercier d'être, globalement, l'un des hommes les plus corrects de ce bureau.
Venant de n'importe qui d'autre, ce serait à peine un compliment.
Mais venant de vous, Miss Highsmith, c'est le summum de ce qu'un homme pourrait espérer.

Tu lèves les voiles, petite?
On dirait, oui.
Désolé, j'imagine que je ne suis plus censé fumer.
Je suis la dernière qui vous empêchera de vous faire plaisir.
Tu seras toujours la bienvenue ici, tu sais.
Je sais.
J'ai quelque chose pour toi.
EXCITING COMICS
Ouah. Merci beaucoup.
Retourne-le.

DISPONIBLE DÈS MAINTENANT !
L'INCONNU DU NORD-EXPRESS
DE PATRICIA HIGHSMITH
Tu peux vraiment être fière de ça.
Beau travail.
Vous faites du bon travail ici, Richard.
Je n'en suis pas fière, mais je n'aurais pas pu écrire ce livre sans vous.
Je sais, petite.
Tu travailles sur quoi maintenant ?
Un autre roman.
Je pense qu'Annabel l'aimera tout particulièrement.

PAN!
MRAOU!
crrrac!
CRRRIC

Ils vont prendre une place folle dans ce monde.
L'INCONNU DU NORD-EXPRESS
crac!
À TOUTES
LES VIRGINIA
frotte
frotte
Arrête, Spider.
Mraou!

Je suis désolé, Miss Highsmith, mais Harper and Brothers ne peut tout simplement pas publier *L'Histoire du Bloomingdale's.*
HARPERS
HARPER & BROTHERS
Ce n'est plus son titre.
Je l'ai changé en *La Dispute de Tantale.*
Quel que soit son titre, nous ne pouvons pas le publier.
Mais, pourquoi pas?

L'Inconnu du Nord-Express se vend extrêmement bien pour vous.
Ce roman est la suite naturelle de ce titre.
Où est le problème ?
S'il vous plaît, c'est non-fumeur ici.
Le problème, c'est qu'il n'y a rien de « naturel » dans ce que vous avez écrit.
L'une des femmes devrait mourir ou retourner auprès de son époux à la fin.
Il existe des lois à ce sujet.
Des lois dont vous avez sûrement connaissance.
Vous pouvez sous-entendre ce que vous voulez, mais je sais que vous savez que c'est un bon livre.
Peut-être que si vous changiez juste le nom du personnage principal…
« Carl » peut-être.
Au lieu de « Carol » ?
tchac !

Vous allez le regretter.
J'en doute fortement, Miss Highsmith.
Hé!
Puis-je utiliser votre téléphone?

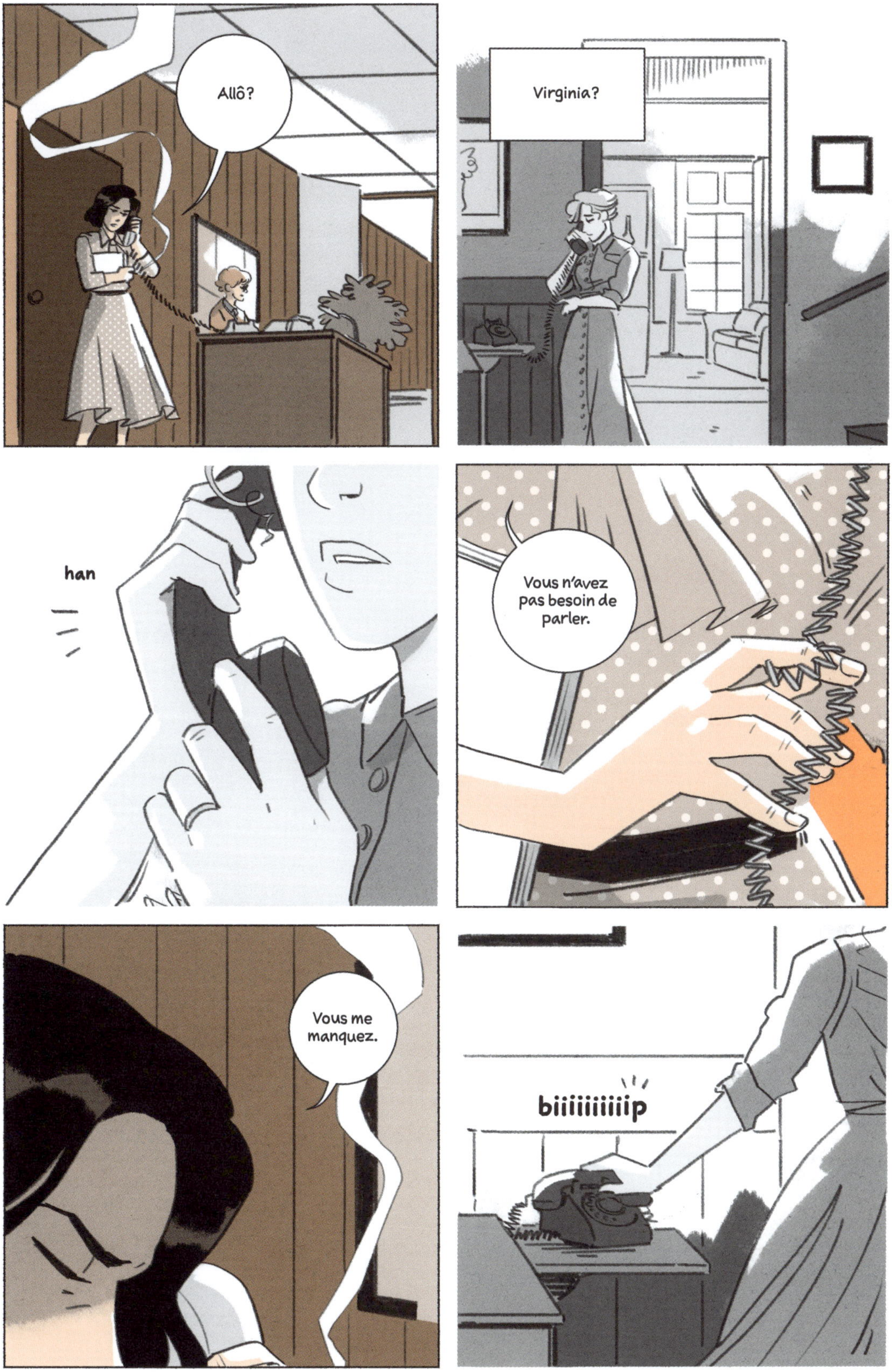
Allô?
Virginia?
han
Vous n'avez pas besoin de parler.
Vous me manquez.
biiiiiiiiip

Vous me manquez.
biiiiiiiiip
Des problèmes d'amoureux ?
Oooh, ma chérie ! On est toutes passées par-là !

Où est ce !@*$%# de briquet.
HA!
Allez, Carol.
On va te trouver une fin heureuse.

toc!
Ah, Miss Highsmith.
... très intellectuel et littéraire...
toc!
Bien, Patricia?
... lecture rapide, une longue nouvelle...
toc!
Miss. Highsmith?
... vraiment une histoire d'amour traditionnelle, quand on y pense...
toc!
Hello, Pat, entrez donc.
... quelque chose de frais, de différent, vous voyez?

Votre prose est fort habile…
Toutefois, je la trouve avant tout…
… indécente.
Je l'ai parcourue ce matin dans le train et…
Ça me paraît un peu…
… pornographique
J'ai surtout aimé le personnage du mari…
J'ai fini par me demander…
De quoi ça parle, dans le fond ?
Eh bien, cette Carol était une nana d'enfer !
D'habitude, on ne publie pas des livres aussi…
… pulp.

Je vous en supplie…
J'ai le regret de vous dire que…
Je n'arrive pas à croire que j'ai fait tout ce chemin jusqu'au Village…
… donnez-lui juste une chance…
Oh ! Oui, mais non. Hum hum.
… tout ce chemin vers Astoria.
… je pense vraiment qu'il serait génial…
Je suis sincèrement désolé…
… jusqu'à Crown Heights.
… s'il vous plaît !
Tranquille Émile, ce sera non.
… Jersey City pour ces idioties.

VLAN !!!

Soupir
On y retourne encore une fois, les amis.
COWARD-McCANN PUBLISHING
Encore une fois.
COWARD-McCANN PUBLISHING

Oh!
Oh! Je suis vraiment désolé!
Vous êtes Patricia?
Oui?
Magnifique! Vous êtes là pour moi!
Cecil Goldbeck, vice-président de Coward-McCann Publishing.
J'espérais que l'on puisse discuter autour du déjeuner.
Je n'ai encore rien avalé de la journée.
Bien sûr!
J'aime bien mettre les choses à plat autour d'un bon plat.
Enfin, pas toujours, mais c'est valable pour l'instant.

PIES
HOT PLATTERS
DESSERTS
Ma femme et moi avons vu *L'Inconnu du Nord-Express* au drive-in à Warwick il y a quelques semaines.
Il faut que je vous dise, nous avons adoré de bout en bout.
Ce n'était pas aussi bien que le livre bien sûr.
Mais ce Hitchcock est génial.
Pas mal.
Alors, pour votre nouveau livre…
Je pense qu'il pourrait vraiment être génial. Je sais qu'il est un peu anticonformiste, surtout quand on le voit sous l'angle du roman à suspense, et je sais qu'il a quelques éléments qui peuvent ne pas plaire au plus grand nombre, mais je pense vraiment que c'est une suite logique à…
Pat.
Je suis tout à fait d'accord.

Vous… êtes d'accord?
C'est si beau, et personnel! Je ne suis pas un imbécile!
Pat, ce serait un honneur de publier *La Dispute de Tantale*.
T PLATTERS
Il ne s'appelle plus comme ça.
J'ai changé le titre pour *Carol*.
Hum.
Avez-vous d'autres options pour le titre?
Je suis assez sûre de moi pour *Carol*.
Pourquoi?
Eh bien, cela me mène à mon argument suivant.

Alors, nous sommes une petite filiale d'une grande maison d'édition qui subit à présent un changement de direction.
Donc je suis en réalité non supervisé et je peux acheter de grandes œuvres d'art, telles que votre livre.
Toutefois, afin de le faire imprimer, mais aussi pour éviter d'attirer l'attention des mauvaises personnes en général…
Soupir
Il va falloir qu'on le publie au format poche pulp.
C'est pourquoi vous ne pouvez l'intituler *Carol*.
Ça ne se vendra pas pour un pulp.
Ce n'est pas assez direct. Trop littéraire.

Alors vous êtes en train de me dire qu'après tout cela…
Après m'être extirpée du caniveau de l'écriture inculte…
Après des années à m'être prosternée devant le tout New York littéraire…
Après avoir enfin publié un livre qui est devenu, à tous points de vue, une référence culturelle…
Et après avoir vu mon livre adapté sur grand écran par Hitchcock…
Je me retrouve renvoyée au caniveau?
… Eh bien, vous pouvez toujours le publier sous pseudonyme.

Miss?
Hum?
Le camion est presque plein, Miss.
Vous voulez qu'on se mette en route vers votre nouvelle maison?
Bien sûr.

Votre propriétaire a dit que ce colis était pour vous.
C'est assez lourd. Je le mets dans le camion ?
Voyons voir.
Partez devant. Je vous retrouve.
Ça me va.

déchire
crrrric
PAT
NEW YORK
COWARD-McCANN, Inc.
Chère Pat, ou devrais-je dire « Claire »,
Félicitations pour ce beau roman (avec un beau nouveau titre). Je remettrai les choses à plat avec vous quand vous voudrez.
Cecil

«UN NOUVEAU DÉPART»
VOICI UN ROMAN empreint de la plus grande
nnêteté et sincérité, qui traite d'un
qui était tabou jusqu'à récemment.
intenant, une jeune femme, Claire
Morgan, débarque
écrit sur un amou
Soupir
THE PRICE OF SALT
CLAIRE MORGAN

Marie's Crisis Café
tchac!

toc
toc
pffit
C'est bien le El?

Ho là là.
Un gin sec, s'il vous plaît.
Salut !
Je vous ai déjà vue ici, non ?
Je ne crois pas.

Merci.
Qu'est-ce que vous buvez ?
De l'alcool.
Prost.
Oh, vous êtes comédienne.
Pire.
Je suis écrivain.
Vous écrivez quoi ?

Vous connaissez le livre *Le Prix du sel*?
HAN!
Oui.
Ce livre a changé ma vie!
Ce livre est la raison pour laquelle je suis dans ce bar!
Pour trouver ma propre Carol et vivre heureuse jusqu'à la fin des temps!
Je n'arrive pas à croire que je suis en train de parler avec Claire Morgan!
En fait, non.
Je suis Patricia Highsmith.
Mais *Le Prix du sel* est de Claire Morgan.
Exact, c'est mon nom de plume.
Une sorte d'alter ego.
Je crois que vous mentez.
Alors je suis bien contente de ne pas me soucier de l'avis des idiotes.
Il faut que j'aille fumer une cigarette.
Dehors.

Soupir

Patricia Highsmith n'a pas apposé publiquement son nom sur son roman jusqu'à ce qu'il soit réimprimé en 1989, après s'être vendu à plus d'un million d'exemplaires.
Il a été republié sous le titre de *Carol*.
Dans la postface de cette édition, elle a écrit :